적도의 꿈

시조사랑시인선 73

황인덕 시조집

적도의 꿈

열린출판

■ 시인의 말

서序 - 매미처럼

매미가 따르르르 뜨겁게 울음 운다
새 세상 살아보자 벅차는 감격으로
전신이 공명통 되어 환희로 몸을 떤다

흙 속에 갇힌 어둠 박차고 맞은 광명
뜨거운 정 품어 안고 태양 아래 높이 올라
막혔던 목청을 튼다 허공 찢는 통성이다

묵묵히 견딘 세월 뿜어내는 사랑 원음
온 하늘 출렁이게 품은 가락 풀어내면
칠팔월
순간 삶인들
무슨 여한 있으리.

저자 識

■ 차례

2부 재 너머 고향

3부 연륜의 숨결

4부 여행의 길섶

5부 내일을 꿈꾸며

1부 내 가는 길

어느 이별

삼십 년 묵힌 사랑
미소로 못 전하고

목소리 높여 봐도
마스크에 잦아들고

눈으론 정을 뿜어도
반향 없는 메아리뿐

먼 길

구석에 뿌리박힌 낡은 책장 치우던 날

어둠 속에 버려진 스크랩 시 신문 조각

잊어도
떠나지 못한
뒤안길 인연 조각.

새 문

임께서 선물하신 가죽 표지 작은 노트
고이 열어 펼쳐 보니 점선 무선 반반이다
걷던 길 희미해지고 새로 돋는 고운 길

점선을 세어가며 돌아보는 지난날들
한 장씩 넘기면서 다가올 날 가늠하면
지난 길 리셋이 되어 첫 클릭 새 문門이다.

환희

어둠 속을 타오르는 점 하나 있습니다
어둘수록 뜨거워지는 빛덩이가 있습니다
캄캄한 칠흑을 건너 새로 돋는 희망 덩이

짐승 소리 잠든 밤에 흰 정성이 안깁니다
두 손에 빛을 모아 빌고 또 비옵니다
촛불에 사윈 정성이 탯덩이가 되는 새벽

숨죽인 기도 위로 뚫고 오른 보람덩이
큰 울음 터뜨리며 뿌지직 힘을 쓰면
온 누리 빛을 뿌리는 한 생명 함성 소리.

또 다른 해방

만나야지, 더 미루자, 서른 달 숨바꼭질
말과 숨 막힌 감옥 마음 봇물 목에 찰 때
만나자, 목마른 그 말 해방 선언 복음이다

겹겹 쌓인 묵은 사연 설레는 가슴, 가슴
보고픈 맘 때 지나면 속엣말도 굳어지나
저마다 할 말 잊은 채 눈 촉수만 더듬는다

권하면 마시는 것 우정이라 말하지만
넌지시 따르는 손길 그 맘 또한 겹정이지
반쯤만 채운 잔 위에 마저 붓는 속정이다.

농사

해맞이 꿈
취한 잠결
문득 깨니
해가 한 발

한 해 지각
아쉽지만
새로 얻은
양보讓步 한 발

고맙다
하늘에 지은
내 마음 한 해 농사.

의례

아침마다 반복 의례
어제 흔적 비워내기

칠흑 어둠 바닷물에
묵은해 몸을 씻듯

꿈 깨쳐 열린 첫 마음
우주의 선물이다.

비상飛翔
- 딸 혼인

하늘 향해 꿈을 심고
흙 속에 깃들이다

엔포 세월 파도 속에
담금질 끝내고서

목멱산
은행목 타고
열어젖힌 새 세상.

*목멱산(木覓山): 서울의 남산.

후회

꿈속에 빛을 뿜는
알알이 보석 구슬

정겨워 손에 쥐니
모가 나 서걱인다

되돌려
가슴에 품어
별자리로 박아 두리.

물을 끓이며

비등점 고개 너머
승화의 길 꿈꾸면서

농익어 번져 나는
마음 향기 머금고서

핏속에
설레는 열기
몇 도인지 짚어 본다.

버릇

새벽보다 먼저 온
어제가 떨군 깃털

첫 아침 귀빈인 양
고이 맞는 먹물 타성

창밖에
아침 새소리
일신日新의 법문이다.

여름 한낮

벌렁 누워 책을 펴면
글자도 힘을 뺀다

각주 없는 원문을
눈 속에 받아 내려

한소곰
선잠을 깨면
번져 나는 문자향.

내 가는 길

젊은 눈빛 끓는 가슴 출렁이는 뱃머리에
흑판을 바다 삼아 등댓불 꿈 새겨두고
언제나 빛이 되자며 꿈속에도 다짐했지

시절이 깊을수록 문명 파도 거세지고
먼바다 나설수록 물길은 깊어지고
온 밤을 쉴 줄 모르는 산란하는 빛이었네

한 모롱이 돌아서면 새로 뵈는 미지의 섬
섬과 섬 이으면서 새 뱃길 틔워내며
오늘도
밤을 기다려
등댓불 밝혀 간다.

시조의 길

나고
자라
익어가는
삼박자 인생 섭리

사계절 맥을 따라
삶의 마디 짚어 가면

열두 폭
희로애락이
굽이굽이 펼쳐진다.

비원悲願

님 머무는 구들 아래
단심丹心을 다 태우고

꽝꽝 언 빙판길에
허옇게 뭉개져도

끝끝내
가시는 발길
받들고픈 소원이다.

종심從心

뫼등 하나 품에 새겨
등고선 쌓아온 날

일곱 줄 긋고서도
봉우리가 아득하다

푸르고
향기로운 산
언제나 이뤄낼까.

여정餘情

다산茶山 초당 문살 위에 날아온 칠월 매미

정간보井間譜 더듬으며 서툰 목을 다듬는다

하피첩霞帔帖

못다 쓴 정을

네가 대신 읊으려느냐.

매미

매미가 쓰름 쓰름
쓰리게 울어 댄다

꼴 베다 벤 손가락
앗 쓰려 쓰~름 쓰~름

풀밭이 나를 길들인
유년기 첫 입사식

매미가 뜨랑 뜨랑
따갑게 울어 댄다

꿀 훔치다 땅벌 쐬고
앗 따거 뜨~랑 뜨~랑

야생을 뒤쫓아 가다
몸에 맞은 첫 주사.

지렁이

문명과 야만 사이
음양 판막 암흑 속에

우주 소식 감응하는
비밀 부호 점 찍으며

흙 속에
미로를 찾아
그어낸 첨단 회로.

무지개

세상사 헤아리는
하늘님 공정하사

천둥으로 털어낸 먼지
빗줄기로 쓸어내고

천민天民들
밟고 오라고
색동다리 놓으셨네.

까치

깍깍깍 짖어대며 까치가 터를 닦네
지상 사람 다 보라고 요란하게 집을 짓네
타고난 명장 집 짓기 보아줄 이 누구일까

해마다 고쳐가며 더 올려 증축해도
기초가 튼튼해서 높을수록 안전한 집
내진에 방풍을 더한 초현대식 공법이다

치솟기에 맛들려서 날개 없는 높이 경쟁
일순간 주저앉는 신기루 모래 성벽
높은 곳 집 짓던 까치 쓴 입만 닦고 있다.

기원

태양은 빛을 쏘며
야성대로 살라 하고

보름달은 빛 아미며
인정 품고 살라 하고

낮 밤에
나를 비추며
함께 가는 등불이다.

묵은 맛

우정도 세월 속에 열기 빠져 밍밍하고

부부도 버릇 삶에 무덤덤 눈 풀리고

낡은 책
묵은 한 구절
묵은지 옛 맛이다.

2부 재 너머 고향

심심산골

이른 아침 두메산골
탕~ 탕~ 도끼 소리

나무 모탕 도낏밥
허옇게 쌓여가면

응달진
비탈 삼장蔘場밭
늦잠 깨는 산 메아리.

맛

따그락
손에 안긴
알록달록
구슬 몇 알

뽀드득
뽑아낸
첫 송이
알밤 한 줌

아직도
주머니 속에
싱싱한
여린 손맛.

맷돌

열 가지 재주꾼 저녁 끼니 간 곳 없다
옛 어른 전한 말씀 맷돌 속에 새겨 넣고
운명과 드잡이하며 소매 걷는 어머니

죽으면 흙 될 몸 삭신 아껴 무엇하리
허기가 목에 차면 허리 졸라 요기 삼고
온몸을 감아 돌리며 악문 이도 함께 간다

끝없는 밀당 속에 설움도 풀어내며
돌덩이에 억눌린 삶 들들들 갈아내면
하얗게 닦인 중수리 닳고 남은 뼈마디다.

큰재

고개를 내려갈 땐 나는 새 부러웠고
고개를 올라갈 땐 산토끼가 샘났지
언제나
들짐승들도
얼씬 않던 자연 성벽

넘어갈 땐 도약대
넘어올 땐 미끄럼대

희망과 좌절이
정점에서 만나는 곳

온 동네
운명 줄 잡고
단련시킨 시소 고개.

*큰재: 저자의 고향에 있는 재.

어머니의 베 짜기

도투마리 칭칭 감긴
팽팽한 숙명 줄에

온몸으로 앙버티며
탯줄을 풀어내면

뼛속도 비워진 자리
세월 바랜 허연 베필.

어머니

꽃단장 설레이는 첫 모험 새색시 길
작은댁 댓돌 아래 하직 인사 뒤로 하고
치맛단 걷어쥐고서 운명 계단 디딘 초심

단 한 번 나가는 길, 단 한 곳을 염원하며
낯선 길 감아 돌아 고갯길에 숨 고르고
오십 리 낯선 시골길 님 생각에 몸 가눴지

잔잔한 '맬여울'목 오작교 은하순가
울렁이는 흰 물살 자갈길에 발 들이면
새 버선 조여든 초조 잔모래가 만져줬지

비탈 고개 내려서자 줄 끊긴 뒤웅박 신세
아차 싶어 돌아보니 오던 길 꿈만 같아
뒤웅박 끈을 움키고 쓴 입술을 깨문 그 날

산골 마을 일 부잣집 한숨지을 틈도 없이
해그림자 산 그림자 그림자로 시계 삼아
온 길도 갈 길도 잊은 시름 농사 한세월

쓴맛 신맛 고달픈 삶 베틀에 걸어두고
찔컥찔컥 흥을 실어 시름 베필 짜노라면
새색시 옥죄던 가슴 골짝 트는 한길이다.

큰 누님

친정 아우 맞으려고 큰 누님이 내온 정성
꽝꽝 언 땅에서 캔 냉이 무침 한 접시
사알짝 짭짤한 간이 웰빙맛을 넘고 있다

달고롬함
간간함
짭쪼롬함
그 경계를
누님의 여린 손끝 몇 번이나 갸웃댔나

알아요
싱거운 살림에
속으로 밴 소금 맛

단맛은 들그릇으로 자식에게 밀어주고
간간함은 짭조름으로 자신 앞에 당겨 놓고

알지요

몸과 맘 버무려
눈물도 밴 맵짠 손맛.

아버지

십 리 골짝 아래위로
논두렁 휘돌면서

막힌 길 틔워주고
마른 입에 물 대주며

봉천답 보듬어 안고
귀 기울이던 아버지

섬지기 논 돌보느라
흰 고무신 때가 안고

모 포기 검어지자
베잠방이 풀물 들고

살포 쥔 뒷짐 걸음에
앞길 열던 부자꿈

숙명

열 걸음 돌아서면
백 걸음 되돌리고

눈 감고 돌아서면
거울로 앞을 막고

고향은
유배지 너머
번지 없는 천옥天獄이다.

살포

양반 농부 대물려 온
꼿꼿한 행랑 유물

농한기엔 헛간 위에
뒷짐 지워 모셔졌다

심은 모 땅 내 맡을 때
번득이는 창이 된다

모 포기 크는 보람에
부농 꿈 익어가고

자식 크는 희망에
훈장 추억 멀어지고

논 보며
가계부 적던
아버지 자루 긴 붓

큰배미

할머니 길쌈으로 마련한 큰배미 논
샘물 아래 마르잖는 검은 흙 문전옥답
도장방 쌀독 채워준 우리 집 화수분

다랑논 밟아 내려 때 벗고 번듯한 땅
할아버지 꿈에 그린 한 섬지기 부농 고개
온 골짝 일군 땀방울 쌓아 올린 금자탑

못자리 논 가멸어서 왕마구리 텀벙대고
돌 축대 구멍 깊어 먹구렁이 터를 잡고
아버진 살진 논두렁 흥 지핀 팔자걸음

씨나락 독

응달 깊은 골짝 마을 겹겹이 다랭이논
너덜겅 자갈배미 옥답으로 갈아내어
부자 꿈 크게 담으려 새로 들인 두 섬 독

한 섬지기 부농 되기 할아버지 일생 소망
씨 나락 독 채우기가 한 해 농사 보람이었지
두 섬 독 그득 담아서 곱절 목표 이루었다

굴뚝 옆에 터를 잡은 대물림 생명 단지
어쩌다 열어보면 희망 그득 금싸라기
조상님 뼈저린 정성 지킴이도 지켜줬지.

장산長山

서쪽에서 우러르면 뭇 산 너머 우뚝 서서
변경에 홀로 높아 옛 국경 되었을 산
한 뫼라 부르기 감퍼서 장산이 되었는가

동남방 발치 아래 선경을 빚어 놓고
서북쪽 골골마다 사람 깃들 품을 열고
음양이 앞뒤로 합쳐 조화의 땅 이루었다

뾰족봉 치솟을 때 골짝은 깊어져서
순한 마음 고여 드는 두메산골 터전 됐지
한평생 산바라기 삶
천성 인심 장산 사람.

*장산: 저자의 고향에 있는 높은 산(714m) 천태산 혹은 국수봉으로도 부름.

입향入鄕

세파 지진 어지러워 몸 가눌 곳 찾아왔나
산 고개 강 첩첩한 변방의 천옥天獄 찾아
실개천 맴도는 터전 발길 멈춘 그 선조

누에고치 집을 짓듯 길모퉁이 터 잡고서
이밥 먹을 부푼 꿈에 뼈마디 힘 다 뽑으며
물 따라 다랑논 치기 한 생이 짧았으리

정든 텃밭 뭉개지고 옛집은 헐리고
고향 사람 떠난 자리 낯선 인심 터를 잡고
키 넘는 논둑 돌담에 숨은 세월 박혀 있다.

칠판이 있던 자리

운동장 고운 모래 은빛으로 반짝이고
동화 속의 교실들 화사하게 빛을 뿜고
아득한 병아리 소리 칠판이 있던 그곳

일찍 온 모범생도 게으름 핀 지각생도
몸 꼿꼿이 우러르며 하루 소망 빌던 자리
선생님 가르치시던 그곳보다 더 높은 곳

바뀌는 시간 따라 새 꿈을 전해주고
쓰고는 지우면서 미지 세계 펼쳐내며
색색이 동심 꽃 피운 삼원색 검은 바탕

오랜 뒤 돌아와도 옛 설렘은 그대론 것
그 앞에 다시 서면 거울 속 내가 되어
가슴에 새 움이 돋아 등줄기 곧아진다.

아버지 얼굴

바래진 얼굴 위에
글자인 듯 그림인 듯

어둔 시절 세파 속에
밀리고 쓸린 궤적

굴곡진 명암도 박힌
풀 수 없는 바위 그림.

감나무

고향 땅 그 어디든 한 생명 둥지 틀면
모퉁이에 뿌리 박아 장독대 끌어안고
온 가정 지킴이 되어 대물리는 감나무

거친 발 깊게 뻗어 돌각담도 버텨내며
떫은 생 익히면서 뒤안에서 견딘 운명
허옇게
바랜 살갗에
속가슴도 검게 탔다.

인송忍松

먹뱅이
구비 넘어
큰먹뱅이
깊은 골짝

쓰린 가슴
다 못 가려
웅크린
노송 하나

상처를
세월로 가리고
현자賢者처럼
숨어 있다.

*먹뱅이, 큰먹뱅이: 저자의 고향 국수봉(천태산) 아래 깊은 골짝, 60년대 말 송진을 내느라 많은 소나무가 수난을 당했음.

무자수

채워서 남을 주는
타고난 당신 마음

제 힘껏 길어 올려
남을 위해 돌려주며

큰 바퀴
운명을 밀며
나 비우는 무한 사랑.

벌초伐草의 계절

길 닦고 수도 묻고 전봇대도 세워내고
첩첩 벽촌 문명 개벽 눈부시게 이루고도
새 시대 묵은 효행법 숙제가 된 뼈 합치기

기계는 갈 수 없는 먹뱅이 험한 골짝
무뎌진 낫 갈아대며 맴을 도는 한나절 일
맏형님 팔십 넘고도 새벽처럼 나서는 길

퇴색한 음택 발복 전설로 묻힌 시절
그래도 미련 남은 묘지 속 숨은 온기
뼛속에 자력이 되어 등 떠미는 관성이다

명당도 해묵으면 남은 복 스러지나
첫 유택幽宅 고이 둬야 영혼이 편하실까
덤불로 엉킨 고향길 후손 고뇌 깊어간다.

꽃타래

- 자형님을 그리며

하나님 품
안기는 날
붉은 마음
바치려고
아픈 곳
달래가며
송이송이
엮은 정성
머언 곳
떠나시는 날
꽃타래로
펼쳐지네.

봄

봄이면 산나물에
홀려가던 우리 어머이

우는 아이 떼놓고서
독너덜도 타 넘더니

까마득
벼랑 위에서
참꽃 꺾어 흔드시네.

3부 연륜의 숨결

동행

바다에 몸을 씻은 태양은 다시 뜨고

단꿈에 부풀려진 내 마음은 다시 깨고

언제나
변함이 없는
새 탄생 동행이다.

한마음

동심童心들 어울려서 동심同心 찾는 얼음판

쓰러진 몸 채찍질로 동同 하나 세워내면

모두가 동심이 된다. 환호성이 터진다.

여운

차창 틀에 솟은 나사를 무심히 조이는 이

그 모습 바라보다 화두를 놓친 스님

안전띠 확인하세요, 연꽃 미소 짓는 기사.

*첫 행: 법정 스님의 『무소유』에서 인용.

생성

바닥에 닿아야만
끝이 나는 나 지우기

깊이 모를 인연 뿌리
연비燃臂로 녹여가면

탯줄도
소멸된 지점
생사 소식 듣는 자리.

연륜

세월 겨운 눈꺼풀
그늘져 깊어진 샘

한때는 초점 잃고
출렁이던 욕망 늪이

새벽달
용알로 박혀
지혜 솟는 우물 됐다.

부부

밤잠 잃은 황혼 부부 선잠 속에 뒤척인다
불현듯 몸 돌이켜 가렵다며 내미는 등
버려둔 애정 불모지 비로소 눈 뜨는가

두 어깨로 받쳐낸 삶 희로애락 쌓인 등골
굳어진 등뼈 마디 속속들이 정이 박혀
첫 마디 작은 스침에 몸 비트는 부끄럼

감춰진 그늘 사랑 몰래 가꾼 화합 음역
세월이 더할수록 공명통 속이 비어
스르렁
손가락 탄주
번져나는 메아리다.

광복절 아침

풀죽은 국기를 밖에 거니 살아나네
어둠에서 풀려났다 두 팔 벌려 활개 치네
태양이 구름을 헤치자 온몸으로 환호하네

숨죽여 억눌린 날 좀 슬까 애태운 넋
깃폭에 고이 접어 차곡차곡 새겨둔 꿈
태극기 펼쳐진 서슬에 새로 열린 하늘 땅

펄럭펄럭 순한 바람 적폐 터는 총채 소리
퍼덕퍼덕 된 바람 나라 중흥 기관 소리
파다닥 터지는 바람 박차오름 도약 소리.

매천집梅泉集을 읽고

글 쓰기

읽기가 물길이면 쓰기는 물둠벙
흐름은 밤낮없고 고이면 출렁이고
담기는 시공간 속에 천변만화 문예의 길.

양심

글눈이 바로 뜨여 선비의 길 괴로워라
해 달같이 밝은 심성 얼음처럼 간직하고
캄캄한 암흑 세상에 양심 촛불 밝혀줬지.

학문

시절은 어지럽고 옛 학문은 벼랑이고
나라 줏대 흔들리면 벼슬도 지푸라기
청운 뜻 검불로 태우고 의를 따라 몸 던졌네.

대의

카랑카랑 매운 강단 꼿꼿이 성난 붓끝
초야에 숨을수록 단심은 더욱 붉어
서릿발 춘추필법이 강물처럼 굽이쳤다.

가신 길

지우知友들 다 떠나고 하늘길은 쓸쓸하여
새 친구 사귀고파 고전 한 권 품고 갔네
의로운 벗과 더불어 영생할 당신의 혼.

*고전: 중국 유의경(劉義慶: 403-444)이 편찬한 《세설신어(世說新語)》를 말함. 매천은 절명에 임하여 이 책을 사후 자신의 관 속에 넣어달라고 유언했다고 함.

k-문곡성文曲星

-이어령 선생님

말 똑똑
글 술술
지혜 철철
문사文辭 퐁퐁

겨레말 잠든 대지
붓끝으로 갈아낸 삶

하늘로 돌아간 그 날
문곡성文曲星은 떠났으리.

기도

민의民意의 전당 위에
백일청천 뜬 무지개

정政은 정正이라며
하늘이 그은 큰 획 하나

해마다 바르게 걸어
옳은 글자 이루소서.

세모歲暮

동쪽에서 서쪽까지
한울 이은 긴 빨랫줄

해돋이 해넘이
빛줄기 떠받치며

흰 빨래
줄 가득 널고
해맞이한 어매들.

맥박

남쪽으로 달리다가 서쪽으로 가지 벋고
정 따라 굽이치면 사연도 따라 돌고
강물이 발길 멈춘 곳 오손도손 박힌 삶터

한 울타리 점지된 땅 생명 품은 천연 복지
뜨는 해도 부러워서 골골마다 품어주면
양지쪽 둥우리마다 풍년 진 사람 세상

사는 보람 느꺼움에 해맞이로 환호하고
기다리는 아쉬움을 해넘이로 달래면서
조선 심 환한 기상을 흰옷 널며 펼쳐 왔지.

역驛

사는 길 나서 보면 설레는 물음표들
기약 없이 스쳐 가는 쉼표들을 헤아리며
아쉬운 줄임표 하나씩 찍어두는 긴 여정

삭신을 뒤척이며 황혼 녘 내닫는 길
시그널 마디마다 지나온 길 가늠하며
인고의 등뼈를 세워 버텨가는 맞줄 고삐

마주쳐 엇갈리는 인연의 줄바꿈표
멈추면 다시 떠날 세상 끝 나를 보며
마침표 흔들리는 지점 새로 돋는 물음표들.

흰둥이

피돌림 감뭇해도 희망 끈 살아있어
설원에서 맞잡은 손 식지 않게 간직하려
눈덩이, 피가 통하는 흰둥이로 몰고 왔다

빛고개 넘고 넘어 흰 옷 입고 누빈 민족
하늘 아래 풍산에서 반도 끝 진도까지
빛덩이 차돌로 박힌 땅 더욱 짙은 하얀 순결

씨줄은 흘러가도 날줄은 박힌 힘줄
반도 잇는 생명줄 마주 잡아 당겨질 때
흰둥이
물결이 되어
삼천리를 내달리리.

소망

새해 맞은 왕새우
수심만 가득하다

꼬리에 힘을 주어
힘찬 도약 기약해도

금이 간 부실한 허리
받쳐 주질 못한다

저마다 체력 단련
기본은 한 몸 가눔

상 하체 일으키고
두 손을 맞잡아도

대간을 바로 세워야
금 간 허리 복원되지.

은진미륵

억년 바위 당당한 몸
지축을 누른 기상

둥두렷 복진 얼굴
새날 품은 당신 얼굴

언제나 우러러보면
해도 같고 달도 같고

가지런히 두 발 모아
아픈 역사 상처 딛고

인고의 날 고된 무게
화관에 금이 가도

동방 빛
잊지 말자며
입가에 미소 짓네.

영국사寧國寺 은행나무

누구는 굽어보고 우람함에 감탄하고
누구는 쳐다보며 세월에 놀라지만
하 오랜 숨은 생명은 밑을 받친 하얀 반석

타협이다, 쉽게 가자, 너나들 말하지만
목표는 순수이고 멀리 보면 한길인 것
은행목 천년의 나이 그 뿌리는 순수라오.

어떤 사랑법

너무 깊이 마음 주면
임에게 실망하고

무심히 대하다가
나에게 좌절하고

5년간 맞춤 사랑법
연속 실패 극기 훈련.

금산천 둑길

-조일남 선생님을 추억하며

개량 양복 단벌 차림 출렁이는 걸음새로
숨긴 모 하나 없던 헐렁한 앞뒤 모습
이따금 옆을 스치면 풀냄새만 묻어났지

빈 흑판은 아득하고 교탁은 조마조마
높은 교단 내려와서 책상머리 감돌면서
촌 아이 언 마음마다 품속 온기 전하셨지

등불처럼 순한 눈빛 그늘로 드리우고
고백인 듯 소망인 듯 봄비 같은 목소리로
펼친 책 너울거리며 시 속을 날으셨지

불룩한 윗주머니 손을 자주 넣던 모습
넘치는 흥 고일 때면 감춰두던 쌈지였나
얼굴로 전하지 못한 말 시詩 싹 틔운 둥지였네

금산천 둑길 위 물길 따라 십여 리를
자전거 두 바퀴에 시심도 굴리면서

물처럼
잔잔히 흘러
옹이 없는 생애였네.

*조일남(1943-2007): 호 찬샘. 시조시인 겸 수필가. 저자의 금산동중학교 시절 국어 선생님.

촛불

캄캄한 날 네거리에 꿈 하나씩 들고나와
너와 나 마음 모은 만 송이 붉은 꽃밭
꽃송이 함께 손잡자 한 덩이 된 빛 물결

흔들리는 여린 마음 느꺼움에 몸 흔들면
작은 몸짓 춤이 되어 파도로 번져나가
큰 파도 은하수 되어 하늘도 밝아졌지

구호에 갇힌 함성 고운 합창 밀어내자
헛욕심에 덧칠된 빛 웃는 얼굴 바래지고
비둘기 놀던 자리에 이명耳鳴만 어지럽다.

어떤 날

길섶에 구르는 돌 차버리고 싶은 유혹
죄 없는 저 돌도 제 자유 있으련만
오늘은 눈 질끈 감고 지옥으로 쏘고 싶다

지붕 막힌 우물 속에 외눈박이 노닥꾼들
대낮에도 청맹과니 무리 지어 길든 싸움
샘 뚜껑
차내고 싶다
푸른 하늘 눈 뜨도록.

가지안테프의 기적

비명도 짓이겨져
숨 멎은 적막강산

무너진 담벽 틈새
얼굴 내민 어린 남매

대지진 모진 발톱도
꺾지 못한 꽃송이

대홍수 파도 넘어
거듭난 목숨인데

무슨 허물 더 남아서
땅을 찢는 시련인가

억만 번 물불 덮쳐도
다시 솟을 생명이다.

*가지안테프: 튀르키예 동남부의 도시. 2023. 2. 6. 강도 7.8의 대지진으로 사망자만 6만여 명에 이르는, 형언키 어려운 인명 참사를 입었음.

다짐

피는 꽃에
미소 띠고
지는 꽃에
시름 짓고

미소, 시름
한순간이
피고 지는
삶이기에

웃음꽃
한 송이 바라
마음 텃밭 가꿉니다.

선조의 유향遺香

반구정(伴鷗亭)

낮고 낮게 첫걸음 뗀
당신의 백성 사랑

다락처럼 높아져도
낮은 곳만 보시더니

오가다
만난 낮은 산
몸 더 낮춘 하심처.

황희 정승 묘소에서

돌개바람 험한 벼랑
찢긴 민심 끌어안고

나라 기둥 바로 세워

대들보 올린 뒤에

이 나라 한가운데서
주춧돌로 누우셨다

야산에 둘러싸여
높은 봉 보이잖고

올라가서 굽어봐도
낮은 터만 바라뵈고

언제나
몸 낮춘 마음
변치 않는 그 자리다.

황희 정승 영정 앞에서

순박한 등허리는
철부지들 미끄럼 터

오지랖 넓은 품은
어린 자손 쉬는 터

흙처럼
푸근한 얼굴
만백성의 마음 터.

4부 여행의 길섶

남도 여행

남도 행

남도 행 오백 리
정情이 먼저 앞서는 길

마파람 결을 따라
김만경들 내달리면

느지렁, 달리는 산마다
줄넘기로 출렁인다.

선운산
두륜산
보길도
섬 끝까지

손잡아 넘치는 흥
더덩실 어울려서

시작도 끝도 없는 채
생명 띠 한 고리다.

울돌목

울돌목 아우성을
그대는 듣고 있나

휘감고 밀어내며
깨어져 우는 소리

평평平平을 잃은 자리에
평생 앓는 저 신음을.

길

탄탄한 진도 대교

땅 잇는 혈맥의 길

하늘 긋는 강철 쇠줄
장벽 넘는 초월의 길

그 아래
강강수월래
손잡고 함께 갈 길.

선운사(禪雲寺)

정을 뿜는 산줄기는
출렁대며 뻗어나고

그 정 녹인 산골 물은
소리 없이 흘러가고

겉 정에

속정이 들어
동백꽃은 더욱 붉고.

축령산 휴양림에서

쫄쫄 대는 물길 밟고
공든 탑 쌓는 발길

쌓은 탑 보이지 않고
화두도 사라진 곳

마음을
비운 물줄기
졸졸대며 내려간다.

내변산 절벽

빗물이 씻어주면
햇볕은 말려주고

노년기 접어들어
벗어지는 흰 이마를

잔주름 보기 흉할까
노간주가 가려준다.

직소폭포의 경칩

한겨울 막혔던 정
양수羊水로 터진 폭포

절벽 밑 숨은 잔설
생명 소식 엿듣는데

태초의
생명 둠벙에
짝 찾느라 몸 단 경첩.

부설거사(浮雪居士)

선남선녀 자비 눈길
인연 고리 맺은 그 날

가슴을 마주 열어
꽃 한 송이 피워내면

노을은 꽃물로 녹아
열반 길 열어 주네

천상千相이 만변萬變해도
생명은 사랑일 뿐

세세 생생 인연 그물
우주 밖을 다 덮어도

선남녀
한 번 눈빛에
꽃이 되는 눈발이다.

내장사

인연 따라
떠돌던
흰 구름
한 조각이

세속 끝
둥지 속에
말없이
내려앉아

한밤 내
정 품어 두고
안개 되어 떠난다

끝 모를 무명無明 뿌리
대낮에도 어두운 길

희미한 빛을 따라
단풍 터널 끝에 서면

물길도
적멸에 녹아
묵언으로 흐른다.

유달산 사연

먼 옛날 조상 할매 흙으로 섬 빚을 때

반도 땅 잡아 늘여 뭉텅뭉텅 떼어 던져
다도해 드넓은 바다가 흙덩이로 가득 찼지

어매는 뜻이 높아 먼바다로 던졌건만
자식은 정에 겨워 반도 땅 못 잊어서
뒤돌아 보고 또 보고 앞마당만 맴돌았지

마지막 떼어 던진 삼학산 어린 섬들
어매 품 못 떠나고 발걸음만 주척이며
손과 손 서로 잡은 채 어리광만 부린다

벼르다 움켜쥔 흙 유달산이 되었지
깊이 찍힌 손자국 봉이 되고 골도 되고
억만년 빗물에 씻겨 남도 명산 이루었다

다도해 자식 소식 그리운 어매 마음
제자리 붙박혀서 말 못 할 속사정을
우체통 가득 담아서 쉬임 없이 전한다.

보길도 탐방

예송리 갯돌

바닷가 자갈밭
파도의 조각 공원

하나씩 감상하게
손에 쥐기 좋은 크기

주웠다 다시 고르며
걸음 뗄 줄 모른다

파도의 심미안은
동그란 맘 굴려내기

아직도 미완성인
끝 모를 단련의 길

유람객 그 뜻 모르고
버리기만 반복한다.

동천석실(洞天石室)

징검돌 하얀 냇가 신선인 양 건너보면
늘 푸른 터널 숲길 뙤약볕은 잦아지고
은은한 남도 솔 향기 별세계 이향異鄕이다

부용동 석간수로 속진 씻기 아쉬웠나
세연정 고운 노래 분 삭이기 미진했나
구만리 붕새 그리워 높은 절벽 깃들었나

세파에 휘몰리어 바다 끝에 몰려온 삶
백척간두 또 한 걸음 허물 벗고 멀리 날아
보길도 물이랑 따라 펼쳐낸 한글 시혼

옛 선비 차 우리며 고뇌하던 그 언저리
탈속을 꿈꾸면서 올려 보고 내려도 보고
평상심 균형 못 잡고 눈 욕심만 출렁인다

옛길 끝난 벼랑에서 새 길 찾아 바장이면
서쪽 먼 산그늘에 돋아난 화살 하나
북쪽을 잊지 말라는 땅끝의 수신부守身符다.

공룡알 해변

굽이쳐 달린 한맥韓脈
마지막 멈춘 지점

감아 돈 해안가에
우뚝한 천 길 험산

화려한 무궁화 강토
당당한 마침표다

태곳적 성인들은
알에서 나투셨지

낙토만 찾아내서
큰 알 내린 하늘님

심고서 남은 씨 모아
땅끝에 숨겨 뒀네

크기 모양 다르지만
해 달 정기 품은 생명

역사 바퀴 바른 주소
화석으로 안에 새겨

새 세상 환히 열릴 때
하늘 부름 받으리.

송우암 글 씬 바위

곧은 뜻 지키려고

돛대로 우뚝 서서

가지 않은 의로운 길
높은 파도 맞서다가

태풍이 길을 막자
등뼈로 솟은 절벽

뼈마디 훑고 가는
어지러운 세파 앞에

한 마음 밝게 비춰
등대가 된 선비의 길

씐 글자 닳아질수록
씻긴 혼 더욱 희다.

싱가포르에서

적도(赤道)의 꿈

지구의 허리에는 남북풍이 없습니다
근심 없는 생명들은 흔들림을 모르고요
천연의 고요가 사는 비무장 땅입니다

먼지 없는 원시 숲에 맑은 비가 내리네요
극단 모를 하늘 아래 응달 양달 정답구요
나무는
자유가 겨워
두 팔 뻗어 춤추네요.

마리나베이샌즈

대륙을 감아 내린 생명의 덩굴 하나
뻗는 힘 주체 못 해 바다로 달리다가
욕망의 고삐 당기자 봉우리로 맺혔다.

바다를 방죽 삼아 떠 있는 연꽃 송이
햇볕과 소나기로 몸 씻고 단장하며
지구촌 나들목에서 등댓불로 활짝 폈다.

진귀한 보석들을 별무리로 펼쳐가며
넓혀지는 정원 속에 꿀단지 숨겨 두고
밤에도 벌 나비 부르며 반짝이는 야광 꽃.

보타닉가든의 거목

오십 고개 겨우 넘자 나라의 기둥 되고

백 년 역사 못 채워도 민족의 대들보다

두렵다

끝을 모르는

지구촌 저 우듬지.

대만臺灣 여행

대북(台北) 소묘

난데없는 속병이 통풍으로 불쑥대도
어제의 습관인 듯 일상으로 넘겨내고
한숨도 애써 삭이며 눈물 감추는 익은 손길

솟은 땅 거칠어도 물 닿는 곳 반듯하고
서 있는 곳 외로워도 먼 곳을 바라보며
좁은 땅 넓게 쓰면서 넓혀가는 밝은 길

동방 물길 큰 길목에 떠 있는 작은 진주
잘 보이는 높은 곳에 나를 안내 하려 마오
낮은 곳 스쳐만 봐도 백 년 미래 알 듯하니.

야유(野柳) 지질공원

조화옹이 뭉쳐둔
천연의 조각 재질

무심한 파도가
초벌을 깎아내면

바람은
말없이 스쳐
완성하는 천연 얼굴.

*야유(野柳) 지질공원: 대만 북쪽 해안의 작은 공원

십분(十分) 폭포

순수純粹 찾아 가는 길은
마음 먼저 희어지고

반석 위 하얀 물길
설렘 몰고 앞서는데

줄줄이

펼쳐낸 커튼
열두 폭 하얀 병풍

* 십분 폭포: 대만 대북 시 근교에 있는 폭포

북해北海도 비에이美映

북쪽 바다 뾰족한 섬 뼈끝이 궁금했다
오가다 바라보면 펑퍼짐 넉넉한 땅
후덕한 본디 바탕이 아이누의 마음이다

북해도 눈이 흔해 등이 젖은 대설산(大雪山)
칠월 볕 버텨내며 사위는 정 품은 잔설
설국의 뼈로 남아서 구름 속에 빛 뿜는다

산과 들 갈마들며 느지렁 벋은 능선
휘엿한 구릉마다 치마폭 펼쳐내며
겹겹의 곡식 이랑들 일렁이는 단색 화폭

수채화 보고 나면 더 짙은 유화 꽃밭
꽃 그림 저 너머엔 하늘 아래 자연 화폭
자작 숲
희게 물들인
원색 뿌리 고향이다.

*아이누: 북해도의 옛 원주민

*대설산: 북해도의 중심을 이루는 큰 산. 최고 높이 2,291미터.

5부 내일을 꿈꾸며

허무한 꿈

무지개 돋아나라
높이 세운 희망 성채城砦

날새도 비껴 나는
절대 평화 기도 벽이

말 폭풍 모진 진동에
넝마처럼 찢어졌다.

지지향紙之鄕에서

‘TV 없는 방’에서
폰 던진 채 단잠 자고

‘지혜의 숲’에 몸 담갔다
하늘 아래 나서 보면

오감五感은 새로 눈을 떠
온몸이 길이 된다.

*지지향(紙之鄕): 파주 출판문화단지에 있는 호텔식 숙소.

저녁 길

저물녘 육교에서
지상을 내려보면

가시 돋친 소음들
어둠 속에 잦아들고

온종일 숨었던 불빛
꿈속처럼 눈을 뜬다

하루 한 번 불멍으로
일제히 멈춘 발길

가야 할 안식처
느긋한 행복감에

줄줄이 함께 어울려
보람 꽃등 번져 간다.

본연本然

우주 덮은 마음 바탕 파랗게 가슴 열면

천심은 구름 되어 마음껏 색칠하고

불측한 세상 바람은 무심히 지워낸다.

길 찾기

정의正義 담장 높아져도 파도는 드세지고

심판대 높아가도 저울대는 흔들리고

뜰 아래

개미 떼 행렬

언제나 반듯하다.

천둥

치어 뜬 발가락 뾰족뾰족 호기심

손가락 궁금증을 삐걱삐걱 빼내다가

왈그락
박살 난 속내
쏟아진 천둥소리.

상황

적황색 지구 덩이 열이 쩔쩔 끓는다
진단 처방 난조 속에 갈수록 불덩이다
소낙비 비상이 걸려 물 폭탄 쏘기 바쁘다

팔십억이 엉겨 붙어 갉아대고 파 뒤집고
허파에 불 지르며 숨구멍을 찢어내고
겉병에 속병이 덮친 회복 난망 울화병

하나뿐인 우주 보석 축복 덩이 지구 세계
인류 종 자만심에 벼랑 몰린 한 생명
남북극 얼음도 말라 숯이 될까 두렵다.

유감

사랑 뜻 모르면서
무정란을 탓하네요

품지 못할 유정란
그 슬픔은 아시나요

유 무정
벽을 넘어서
사랑란을 낳고파요.

혁신

달았을 때 마구 쳐서 찌꺼기 털어 주오

찬물에 머리 담가 허튼 열기 낮춰 주오

속 때도 하얗게 벗겨 새 이름표 달아 주오.

오천항鰲川港

오서산 큰 지붕이 서쪽으로 우뚝 선 곳
바다로 번은 맥 뭍도 되고 산도 되고
큰 내가 함께 내달려 내포 바다 이루었다

아늑한 바다 물길 사람 살기 맞춤한 곳
오천항 옹암포구 물길 뱃길 툭 트여서
온갖 것 얻고 나르는 해물 유통 요람터다

얕은 바다 선착장엔 고깃배들 빽빽하고
좁은 길 골목마다 낯선 차들 몰려들고
그 옛날 파수병 성터 행락 발길 분주하다

영보정 날렵한 자태 옛 명성 빛을 뿜고
낡아진 시골 지붕 원색으로 화사한데
낚싯통 멘 태공들 거리마다 활기차다

육중한 성문 돌에 수영 위엄 당당한데
서해 멀리 부는 세파 역사는 알고 있나
방해防海의 무거운 그 뜻 잊혀질까 두렵다.

서산 바다 외딴 민박

겨울 바다 외딴 펜션 집 지키는 늙은 개
새벽 산책 객을 보고 목 빼어 짖는 소리
철조망 삭은 바닷가 발자국만 어지럽다

냇가로 내려서자 꼬리 치며 앞장선다
눈 감고도 내달리는 관광 안내 매뉴얼
인기척 없는 마을에 저 혼자만 바쁘다

사람 냄새 몸에 익자 건네오는 늦은 인사
쓰다듬어 반기려니 내민 정을 사양한다
헤픈 듯
바른 몸가짐
변방 땅 숨은 절제.

다누리호

속마음 들킬까 봐
시선 밖만 떠돌고

바라보기 눈이 부셔
언저리만 맴돌다가

우주에
마음 비우자
나비가 된 그리움.

*다누리호: 2022년 8월 5일 발사된 대한민국 최초의 달 탐사선. 독특한 나비 모양의 궤적을 따라 12월 17일에 목표 지점에 닿았음.

순례巡禮

찬바람에 떠나는 비행 몇 번이나 거듭했나
지구촌 다 밟았을 오지 탐사 반복 순례
아직도 갈 곳을 찾아 벼랑 끝에 몸 가누나

몸 작아도 뜻 높아서 가지 끝 잡고 서서
낙하산 고이 접어 염원도 품어 안고
북풍이 몰아칠 때면 문 박차는 자유 영혼

날다가 쉬다가 무한대 넓은 항로
생명 뜻 전하려는 약속 없는 미지 여행
날아라
마음 닿는 곳
사막으로
동토로

충청도

맑은 것에 복종함이 그 땅의 이름표
이리저리 휩쓸리어 구정물 목에 찰 때
옛 어른 무거운 헛기침 한겨울 삭풍이다

중심을 뽑아냄이 그 마을의 마음터
무겁고 가벼움을 좌우로 가늠하고
더러는 욕도 들으며 깃발 세워 끌고 간다

말이 끝났어도 메아리 감도는 곳
발길을 돌리고도 마음 여울 흐르는 곳
높푸른 하늘 바다가 그곳 사람 귀향지다.

나침반

중심 잃은 세상 복판
던져진 생명이다

들끓는 난조 속에
흔들리는 몸 가누며

배꼽에
숨을 멈추고
균형 잡는 안간힘.

옥계폭포

하늘 문 열리던 날
별을 씻은 은핫물이

하늘 닿은 봉우리에
찬 이슬로 스며들어

세상 끝
낮은 곳에서
정화수로 흐른다.

*옥계폭포: 옥천군 심천면 고당리에 있는 폭포.

승강기

속내를 들킬까 봐
숨소리도 억누르고

번져 나는 인정 기미
눈썹 아래 밀어내고

인연은
밀물이어도
불임의 썰물 공간.

완성

허리뼈 곧게 펴기
원인猿人 진화 멀고 먼 길

누웠다 바로 서기
직립 인간 진보의 길

머리를
숙였다 펴기
문명 국민 완성의 길.

우수雨水

살랑이는
바람결
피지 않은
가지 사이

꽃이 늦어
미안타며
사알짝
붉힌 미소

홍조 띤
당신 두 볼에
홍매화
피었네요.

풍경風磬

흔들리는 번뇌가
바람처럼 무상하여

높은 곳에 매달려
세간 소식 엿들으며

아픔이 귀에 스치면
앓는 소리 쟁쟁하다.

수덕사 대웅전

변하는 게 실상이라
범소유상凡所有相 개시허망皆是虛妄

색즉시공 공즉시색
여여한 그 자리에

마음 눈
뜨고 가라고
빛바래둔 대웅전.

동화사에서

공덕 빌러 절에 가니
산이 먼저 눈짓한다

느꺼워 다가가니
노송이 말을 건다

자연에
마음 줬는데
소원 빌어 무엇하리.

하계 올림픽 2024

에펠탑 높은 기상 하늘 위에 솟았는데
인류 평화 소망 담아 애드벌룬 띄워 놓고
기적의 횃불 당기려 만국민 모인 자리

바르게 빠르게 더 멀리 아름답게
꽃보다 싱싱하게 열정을 뿜어내면
저마다 메달로 뜬다. 오륜 빛 찬란하다

대한大韓 뜻 떨치려고 서방에 간 태극 건아
빛 속도로 겨루면서 피워낸 무궁화꽃
금자탑 눈부시구나 철탑도 환하구나.

■ 해설

삶을 긍정하는 충만한 마주침

송기섭

(충남대 교수)

1

인간적인 것의 토대를 탐색하는 데 진정 필요한 것은 각자 마주해온 체험으로서의 삶이다. 현장에서 신체의 행위를 통하여 구체적으로 겪어온 삶이지만 그 삶이 무엇인지를 묻고자 할 때, 그것은 여전히 모호하고 때로는 문제적이기조차 하다. 분명 물질적 현실성을 가지고 있으면서도 그것은 시간의 흐름에 따라 망각의 침묵 속으로 사라져 간다. 기억이 가지는 상기적 특권에 의존한다고 하더라도 그것의 유한성을 우리는 잘 알고 있다. 경험으로서의 삶이 그 물질성을 자양분으로 삼아 인간적 미덕을 지닌 미래로 던져지기 위해서는 어떤 보존의 수단이 필요해진다. 이러한 욕구 때문에 우리는 재현의 형식들을 만들어 사용해 왔다. 시조 또한 그러한 방법의 하나임을 황인덕 시인은 여기 시쓰기를 통해서 온전히 보여주고 있다.

삶의 본질적 진실은 날 것 그대로는 결코 전달될 수 없으며, 그건 오직 문학적 형식을 통해서만 이루어질 수 있을 뿐이다. 그것은 단순히 재현되어 기록으로 보존되는 게 아니라 삶을 벌거벗겨 시인 자신의 의미로 만드는 지성적 사유라는 고된 작업이 수반되어야 비로소 완성된다. 문학은 근본적으로 이러한 고행의 지대에서만 가능한 도저한 정신적 산출의 귀결이다. 시인은 언제나 자기 자신에 대해 말할 수밖에 없음이 이러한 정신적 주형을 거쳐야 하는 까닭이다. 황시인은 작가의 배타적 특권이자 윤리적 임무에 속할 이러한 정신의 작업을 온전히 감당하면서 하나의 세계를 구현한다. 자기 삶 전체를 몽땅 견인하여, 그것이 가져올 가장 심오한 정신을 도출하고자 하는 이 숭고한 지성을 움직이게 만든 것은 고래로 이어져 온 시조 형식이다. 여기서 시조는 삶을 가장 순수하고 간결하게 내적 의미로 현실화하여 지금 여기에 있게 만들고, 아울러 그 삶을 미래로 이끄는 찬탄이자 유혹의 장치로 가동된다.

황시인에게 삶은 현존의 거기 있음이라기보다, 「서(序)-매미처럼」에서 말하듯이, "묵묵히 견딘 세월," 즉 한 인생이 온몸으로 부딪쳐온 생애 전부이다. 그에게 시를

쓴다는 것은 단지 실존하는 현실의 감각으로부터 자발적으로 울려 나오는 현상의 모방이 아니다. 그에게 그것은 켜켜이 감내해온 삶을 통째로 응축하여, "막혔던 목청을 튼," 그래 "허공 찢는 통성"이다. 이 '통성'은 그 자체로 매혹당한 상태에서만이 가능한 절대적 울부짖음일 터인데, 그것은 보이지 않는 것의 짙은 어둠을 통해 숙성되고 성숙하여야만 비로소 외부세계로 발현될 찬란한 순간의 절규이다. 그에게 시쓰기는 인생이란 긴 여정을 응축하여 빚어내는 매미의 '통성'이다. 그는 매미와 다를 바 없이 "전신이 공명통되어 환희로 몸을 떤다." 너무도 오랜 기다림이었기에 그것은 고통스러운 '환희'로 울려 퍼지며 자신의 존재를 증명하고자 한다. 삶을 긍정하는 정신의 심연에는 '사랑'이 내재되어 있다. 바로 이 사랑이 마주해오는 삶을 긍정할 응시의 권리를 보존한다.

삶을 응시하는 이 충만한 마주침에는 대략 세 가지 경로가 있다. 하나는 외부 사물이나 행위를 객체 그대로 바라보는 것이고, 다른 하나는 그것을 진실 운동으로 사유하는 것이며, 남은 하나는 그 관념을 실천의 위상으로 바꾸는 것이다. 마주해오는 삶을 선순환으로 갈무리하는 이 미메시스의 원리에는 긍정의 윤리학이 기본적으로 전제된다. 황시인의 시쓰기에는 삶을 그렇게 긍정의 정신으로 전환하는 윤리적 포즈가 배치된다. 정신의 힘이 글쓰기의 동력을 불러일으키며, 그의 작품들은 삶에서 비롯되었으나 그것을 넘어서는 미래의 무한한 열림으로 다가온다.

2

너무도 평범하여 거의 드러나지 않는 일상에 삶이라는 진지한 의미를 부여하는 계기를 누군가는 맞이하기 마련이다. 지나온 삶에 대한 내면의 사유 작용을 통해서, 진실을 향한 내적 성찰을 통해서 우리는 자기 자신으로서의 존재라 할 주체가 된다. 하찮은 대상들이 예술의 형상으로 변용되는 작품의 구현 과정에는 이러한 주체화 양태가 반드시 수반된다. 참된 삶을 살아간다는 것은 물론 이 사건의 삶이 만들어내는 진리의 절차를 따라감을 의미한다. 일상적 존재의 사소한 생활 세계는 이러한 미적 사건을 발견하면서 새로운 출발을 위한 정신을 생성한다. 경험의 실재성을 시조 형식으로 변용하는 황시인의 진실찾기 또한 이러한 구조에 매개되면서 형상화된다.

임께서 선물하신 가죽 표지 작은 노트
고이 열어 펼쳐 보니 점선 무선 반반이다
건던 길 희미해지고 새로 돋는 고운 길

점선을 세어가며 돌아보는 지난날들

한 장씩 넘기면서 다가올 날 가늠하면
지난 길 리셋이 되어 첫 클릭 새 문(門)이다.

-「새 문」 전문

체험 속에 담긴 '작은 노트'는 잊힌 시간을 되찾게 해주는 특정한 개별적 기호이다. 그것은 비자발적으로 우연하게 마주해왔으나 강렬하게 멈춰서면서 그것을 응시하는 자의 기억을 불러내고, 또한 그것에 대해 사유할 것을 강요한다. '선물'로 남겨진 '작은 노트'라는 시적 형상으로 재현되면서 그것은 의미 찾기의 심중한 표지가 된다. 그것은 시인에게 응시하라고 강요하는 마주침이 되면서 의미로 해석되고 가치를 찾아야만 하는 대상으로 섬광처럼 솟아오른다. '선물'이라는 사실 이외에는 어떠한 실체적 상황도 부여되어 있지 않기에 그 시적 형상은 더욱 애매하게 진실을 은닉하면서 과거를 향하여 포화된다. 그것의 현재 상태를 나타내는 풍부한 묘사들은 이 채집된 진실을 오히려 더 증폭할 뿐 속 시원히 드러내 줄 어떤 표시가 되기 어렵다. 그리하여 '작은 노트'라는 형상은 의미 혹은 진리 찾기의 과잉 속에 빠져버리면서 "돌아보는 지난날들"을 더욱 행복한 시간으로 만든다.

지나온 날들이 명료한 의미가 아니라 애매한 그것에 빠져버리고 마는 것은 어차피 그것이 순수 과거로는 결코 도달할 수 없는 세계에 머물러 있기 때문이다. 황시인에게 작품들 속에서 재현되는 과거의 경험들은 모두 이 순수 과거에 고요하게 머무는 아련한 잠재태이다. 그것들은 '작은 노트'처럼 형상의 도움을 받아 무성하게 현실의 우리에게 던져질 잃어버린 세계이다. 그것의 의미를 찾는 고유한 모험은 과거를 그 자체로 해부하고 성찰하는 데서 주어질 사안이 아니라 현재의 사유 활동을 통하여 밝혀질 사건이다. 사건은 과거를 있는 그대로 밝히는 데 주어지는 것이 아니라 미래를 향해 열리는 현실화의 순간에서 발생한다. 그런 점에서 사건은 과거의 객체가 아닌 현재의 생성에 부여하는 주체의 활동에 해당한다.「새 문」에서 황시인은 '작은 노트'가 환기하는 과거 경험을 단지 '지난 길'을 돌아보는 추억으로의 여행이 아니라 '새 문(門)'을 열고 나갈 미래의 사건으로 생성한다.

결국 삶이란 영원히 현재인 끊임없는 활동이라 규정해야 하는 것인가. 황인덕 시인은 과거를 불러내 그것이 영원히 현재일 뿐이라는 사유 활동을 통하여 시쓰기를 수행한다. 시조 형식이 선입견으로 품게 마련인 전통의 회고적 달성이라는 상투적 개념은 그 사유의 활성화에 의해 생생한 현재의 시간으로 바뀌게 된다.

열 가지 재주꾼 저녁 끼니 간 곳 없다
옛 어른 전한 말씀 맷돌 속에 새겨 두고
운명과 드잡이하며 소매 걷는 어머니

죽으면 흙 될 몸 삭신 아껴 무엇하리

허기가 목에 차면 허리 졸라 요기 삼고
온몸을 감아 돌리며 악문 이도 함께 간다

끝없는 밀당 속에 설움도 풀어내며
맷돌 틈새 억눌린 삶 들들들 갈아내면
하얗게 닦인 중수리 닳고 남은 뼈마디다.

-「맷돌」 전문

「새 문」의 '작은 노트'와 같은 방식으로 여기에는 '맷돌'의 형상이 엄청난 잠재적 이미지를 가지고 구축된다. 그것이 어머니를 가리키고 있다는 은유의 논리를 아주 쉽게 찾아내게 되지만 침묵으로 간직하고 있는 의미의 층위는 한껏 깊어져 오는 것이어서 그것을 추단하기가 쉽지 않다. 어머니의 삶이 형성하는 침묵하는 말은 맷돌의 형상으로도 모두 담아내기 벅찬 무게와 깊이를 가진 것이라고 우선 단정해 본다. 그것은 어머니를 하나의 형상으로 드러내기도 하지만 오히려 당신의 부재를 드러내며 공허 속으로 사라져 버린다. 어머니는 그렇게 이미지를 만들었다고 말할 때 저 그리움의 공백으로 사라져 버리는 한없이 애처로운 영혼이시다. 어머니의 절대성은 이 침묵의 이미지에 실리어 시적 자아를 포획하는 진실의 울림으로 피어오른다.

시적 질료로 사용되는 맷돌은 그것의 물질성을 어머니의 헌신하는 생애와 유비하면서 그것을 비물질성의 기호로 만든다. 강인한 맷돌의 무참한 노역은 어머니의 "온몸을 감아 돌리며 악문 이"이자 '설움'이고 '억눌린 삶'으로 환치된다. 시조 작품의 형상 속에서 맷돌이라는 사물은 어머니의 운명으로 의인화된다. 어머니는 맷돌과 닮아있음이 주는 강렬한 인상 속에서 굳건한 정신의 화신으로 되살아난다. 맷돌이란 존재자의 존재는 이 정신의 현실성을 생산하면서 생생하게 고유화된다.

어머니의 진실을 담아내는 맷돌은 그것의 물질성을 방출하면서 그것이 어머니의 의미이자 가치로 새롭게 경험되어야 한다고 이 작품은 말하고 있다. 맷돌에서 배워야 할 진실은 어머니의 영혼이 간직한 헌신이다. 그렇다면 맷돌은 어머니를 향하는 절대적 표시일 뿐인가. 절대 그렇지 않음을 우리는 먼저 알아차려야 한다. 맷돌이 표상하는 의미의 깊이에 도달해야 할 대상은 시적 주체이자 자아이다. 진정한 의미를 탐색해야 한다는 점에서 그것은 자아의 몫에 속한다고 할 것이다. 황시인은 스스로 시적 주체이자 자아가 되어 그 형상이 지닌 진실의 힘에 다가서고자 한다. 이러한 지성의 작용은 그의 시 전편에 흐르는 것이기도 한데, 어머니뿐 아니라 아버지나 누이처럼 운명적 관계의 절박함에 밀착될수록 그것의 강도는 더욱 깊어진다.

삶을 돌아보는 기억의 입구에 그것들은 마치도 표석처럼 놓인다. 작은 노트나 맷돌의 자리에 매미, 큰 배미, 칠판, 감나무, 까치, 씨나락 독, 참꽃, 풀죽 등이 놓이면서 황인덕 시인의 문학행위는 고상한 자아 정체성을 구현해 나간다. 사물의 실재성은 물질적 속성을 지니고 작품 속에 구성되는 게 아니라 시적 자아에 접촉되고 침투되고, 그리고 사유된다. 그것들은 물질에 대한 지각에서 비롯되지만 의식을 일깨우는 강력한 힘으로 마주쳐 온다. 그러한 마주침은 과거의 경험을 현재의 상태와 혼합시키는 마성과도 같은 힘을 자아낸다. 시쓰기를 유혹하는 사물들, 그것들이 하나의 형상으로 그려지면서 한편의 작품은 진실 찾기의 기호가 된다. 그것들이 찔러오는 강렬도가 없었다면 그러한 진실 또한 깊은 즐김의 대상으로 은닉될 수 없었을 것이다. 이렇듯 도래하는 사물들과 마주침에서 황시인의 표현에의 열정은 거의 자동으로 열리기 시작한다.

3

자기 삶을 작품으로 남기는 것은 문학이 지닌 본래의 기능에 속한다. 문학은 무엇인가의 재현임을, 그 실재적인 힘에 기대어 허구의 담론과 형식을 만들어낸다. 황시인의 시조들은 이러한 사실성을 기반으로 하여 고유한 자신만의 세계를 열어 보인다. 물론 그것은 삶의 거기 있었음을 단순히 밝혀 드러내는 형식이 아니라 그것에 자신만의 질서를 부여하고 새로운 삶의 동력으로 현실화하는 형식을 고취하면서 구현된다. 현존하는 삶의 의미가 긴요해질수록 더욱 소중하게 맞이해야 하는 대상은 지내온 삶의 내력이다. 부서지고 소멸하여버릴 과거를 불러와서 풍요롭게 미래를 열어갈 정신적 유산으로 삼는다는 것, 그는 그것을 수행할 고상한 지성을 겸비한다. 그는 각인된 기억과 마주하면서 현재의 정신을 구현할 지성적이라 할 문학행위를 줄기차게 수행한다.

할머니 길쌈으로 마련한 큰배미 논
샘물 아래 마르잖는 검은 흙 문전옥답
도장방 쌀독 채워준 우리 집 화수분

다랑논 밟아 내려 때 벗고 번듯한 땅
할아버지 꿈에 그린 한 섬지기 부농 고개
온 골짝 일군 땀방울 쌓아 올린 금자탑

못자리 논 가멸어서 왕마구리 텀벙대고
돌 축대 구멍 깊어 먹구렁이 터를 잡고
아버지 살진 논두렁 흥 지핀 팔자걸음

-「큰 배미」 전문

'큰 배미'는 이 작품의 세계를 구현하는 신성한 장소이다. 이 장소가 인간 존재의 생명을 잉태하고 영유케 한 것이라면, 그것은 일상의 살아감을 넘어서는 초월성을 부여받는다. 생명의 태곳적 순간을 간직한 이 장소를 상징으로 받아들이고 영원회귀를 꿈꾸면서 그 주체는 실존적 불안이나 고통을 망각해 본다. '큰 배미'가 할머니, 할아버지, 그리고 아버지의 환유에 의하여 하나의 완결적 구성을 지닌 장소로 새롭게 생성될 때, 이러한 장소성에서 진정 위안을 얻으며 생명의 동력을 끌어오는 것은 그것을 회고하며 그것을 운명으로 받아들이는 자이다. 시조 「큰 배미」는 그렇게 시적 주체가 자신의 기원인 장소-세계로 돌아가는 길을 찾고 있는 작품이다.

혹독한 노동으로 엮어진 '큰 배미'는 한 가족의 생존을 담보할 그 공동체의 역사이다. 역사는 실증으로 자신을 보증하고 항변하듯이, 이 큰 배미는 허구로는 결코 구조화할 수 없는 진실한 그곳의 역정을 담아낸다. 할머니는 길쌈으로 문전옥답을 장만했고, 할아버지는 '다랑논'에서 벗어나 번듯한 땅에 땀방울을 흘렸고, 그리고 아버지는 여기에 터를 잡고 집안을 굳건히 건립했다. 가족의 생계를 견인했던 터전이 한 집단의 정체성을 구현할 장소감을 얻게 되는 것은 그곳에 부여한 정신에 있다. 장소 자체는 그곳을 자기 삶의 중심으로 삼으면서 인간 유대의 가치를 부여하는 적극적인 정신 활동이 없다면 아무것도 줄 것이 없다. 작품 「큰 배미」는 아무것도 아닐 공터로서의 장소에 적극적인 의미와 가치를 부여할 그곳의 얘기들을 가져와 그곳의 우월한 이미지를 만든다. 이 장소 이

미지는 경험에 근거하는 실감을 가져오는 것이어서 이곳과의 친근한 유대감으로 얽힌 개인뿐만 아니라 이러한 내러티브와 공유할 다른 사람에게 전이되는 소통의 힘을 지닌다.

장소의 아우라를 품어내는 것은 그것의 지형이나 풍경이 아니라 그곳과 얽혀있는 사람이다. “십 리 골짝 아래위로 / 논두렁 휘돌면서 // 막힌 길 틔워 주고 / 마른 입에 물 대주며 // 봉천답 보듬어 안고 / 귀 기울이던 아버지”(「아버지」 전문)에 집중되어 있듯이, 어떤 장소를 만들어내는 주체는 사람이다. 그들은 그곳에 살아가며 그곳의 특질 지표를 형성한다. 황시인은 기억이 가지는 상기적 특성에 의지하여 과거지사가 되어버린 사건들을 가져와 장소의 상징을 구현한다. 이 장소 이미지의 한 가운데 머무는 존재는 할아버지, 할머니, 아버지, 어머니 등 가족이다. 가족을 이루는 숙명적 인연들의 거처로서 장소는 시적 주체의 실존과 개인 정체성의 중심으로 떠오르면서 영원 회귀할 고향으로 신생한다.

> 등불처럼 순한 눈빛 그늘로 드리우고
> 고백인 듯 소망인 듯 봄비 같은 목소리로
> 펼친 책 너울거리며 시 속을 날으셨지
>
> 불룩한 윗주머니 손을 자주 넣던 모습
> 넘치는 흥 고일 때면 감춰두던 쌈지였나

눈으로 전하지 못한 말 시(詩) 싹 틔운 둥지였네

금산천 둑길 위 물길 따라 십여 리를
자전거 두 바퀴에 시심도 굴리면서
물처럼
잔잔히 흘러
옹이 없는 생애였네.

-「금산천 둑길」 부분

고향에로의 기억은 마치 삶이 지속되어야 한다고 강변하듯이 지칠 줄 모르고 흘러간다. 그것은 몸속에 저장된 무의식적인 잠재태이어서 무수하게 변주될 풍요로운 마주침을 예비한다. 옛일을 회고한다는 것은 단순히 그때 그곳으로 돌아가서 그곳에 안락하게 거주함을 의미하지 않는다. 과거의 그곳은 단순히 안주나 몽상의 대상이 아니라 지금 이 순간의 의미를 생산하는 적극적인 운동의 공간이다. '금산천 둑길'은 그렇듯 현실의 무대로 활성화되는 마주침으로 압도해 온다. 그것은 진실 찾기의 기호가 되면서 작품 「금산천 둑길」의 내포적 의미를 충만하게 채워버린다. 황시인은 자신의 시쓰기가 이 회상 속의 형상에 이미 감추어져 있음을 은밀하게 고백하고 있다. 현재의 자신을 이루는 욕망의 출구가 그렇게 봉인된 과거에 있음을 인식하는 순간, 그것을 꿈틀거리게 만든 오래된 일들과 그 매개적 존재는 절대적 위상을 부여받는다. 그때 우리가 만나는 것은 영원함이다. 무수하게 스쳤을 일들이나 인연을 영원하게 고정하는 황홀한 순간에 시조 「금산천 둑길」은 감미로운 몽상적 형상을 빚으면서 완성된다.

그곳의 여러 장소, 그리고 그곳에 깊게 각인된 사람들, 황시인의 시들은 그리 사무치게 기억되는 체험된 장소와 사람을 불러들인다. 그곳과 그 사람들은 현존의 삶에서도 여전히 마주해야 할 생명 존재의 기원이자 실존 그 자체의 거울이다. 황시인은 이 거울과 대면하면서 자기 모습을 보고 나아가서 살아갈 날들의 마음을 비춰본다. 한 인간 존재의 실존 범주 안에 있음을 확연하게 보여주는 고향의 이것들은 시조의 형식에 재현되면서 여전히 생생하게 살아오는 정감을 가져올 뿐만 아니라 그곳에서 발현되는 정신의 아름다움을 표출한다. 인생을 회고하는 한 사람에게 있어, 살아온 날들의 흔적은 존재의 근거이기도 하지만 새롭게 가동되어야 할 생명의 에너지이기도 하다. 고향을 소재로 재현된 시적 형상들은 기억이 지닌 이러한 이중성을 한없는 그리움을 담아 아련한 몸짓으로 보여준다.

4

흔적들이 기원의 우상을 만드는 게 아니라 현실의 풍

요로움이며 앞으로 나갈 정신의 모험에 있음을 하나의 명제로 점검해 본다. 황시인에게 흔적들은 그러한 정신의 뼈대를 세우는 것이라고, 시조의 형식은 정신의 작용을 위한 장치로 사용되고 있는 바라고 정리하여 본다. 작품 「새 문」은 그렇게 흔적을 현실화하는, 도래하는 것들을 위한 사유로 구성된다. 흔적들이 황시인의 시조 형식에 있어 그것의 모델이 되는 재료라고 했을 때, 지금 마주하고 있는 삶 또한 그것에 포함된다고 할 것이다. 작품 전체의 비중으로 보자면 오히려 그것들이 더 압도적이라 말할 수 있다. 황시인은 오늘을 살아가는 사소한 생활 경험이나 여행의 감회를 시조 형식으로 담아내는데 또한 열정을 보인다.

> 길섶에 구르는 돌 차버리고 싶은 유혹
> 죄 없는 저 돌도 제 자유 있으련만
> 오늘은 눈 질끈 감고 지옥으로 쏘고 싶다
>
> 지붕 막힌 우물 속에 외눈박이 노닥꾼들
> 대낮에도 청맹과니 무리 지어 길든 싸움
> 샘 뚜껑
> 차내고 싶다
> 푸른 하늘 눈 뜨도록.

-「어떤 날」 전문

일상생활이란 흔하디흔한 삶의 건조함이고 그 흔적을

거의 남기지 않고 사라져 버린다. 그저 사소하고 지루한 순간들을 오직 포착할 수 있는 것은 그것이 사유될 때이다. 문학은 그것을 포집하여 미학으로 만드는데 여기에 필요한 장치가 형식과 사유이다. 황시인은 시조 형식을 가져와 자신의 사유를 담으면서 일상의 무의미한 경험을 유의미한 정신세계로 일군다. 니체가 "인간은 언제나 자기 기쁨 속에서 동일자로 유지된다"(『바그너의 경우』에서)고 했는데, 이러한 작업에 몰입하면서 황시인은 자기 자신을 즐기며 자기 정체성을 확인한다. 오직 시조만이 삶을 가능케 하는 원동력이 되려니, 그 순간 그의 실존은 오로지 시인으로서 유지된다.

'길섶에 구르는 돌'에서 보아버린 '지옥'과 '샘 뚜껑'에 갇혀버린 '푸른 하늘'이 병치되는 「어떤 날」에서 우리가 찾아내야 할 진실은 작품에 제시된 '자유'라는 관념에 있다. 이 관념을 사유한다는 것은 자신의 실현을 향해 나갈 실천의 힘을 예비하는 행위가 된다. 도래하는 것에 자신을 투사하고자 하는 황시인의 이러한 정신은 「촛불」, 「은진미륵」, 「다짐」 등 대다수 작품의 내면성을 지배하는 근간이 된다. 「물을 끓이며」에서, 이는 "핏속에 / 설레는 열기 / 몇 도인지 짚어 본다"라고 더욱 가멸차게 목소리가 높아진다. 물을 끓이는 아주 평범한 일상의 순간에도 그의 사유는 가치 있는 진실을 찾아 생동한다. 아주 사소한 사물과 사건에도 주의를 집중할 수 있는 능력은 그 자체로 하나의 성취가 될 터인데, 그것의 결과물로 주어진 게 황시인에게 「어느 날」이나 「물을 끓이며」와 같은 시조 작품이다. 공허한 일상어에 의미를 부여하고 가치를 가늠하는 이 문학행위에서 우리가 진정 만나는 것은 그 사유가 품은 정신의 윤리학이다.

"오늘도 / 밤을 기다려 / 등댓불 밝혀 간다." 「내 가는 길」 3연의 종장에 해당하는 이 구절은 고결한 정신이 어떻게 작용하면서 무엇을 향해 있는가를 한마디로 표현한다. 이 구절은 그가 자기 삶을 성취해 나가기 위해 다짐하는 방법이자 그것을 선도하는 하나의 예언으로 다가온다. '내 가는 길'은 현재 살아가는 삶의 지평뿐만 아니라 이제까지 살아온 날들의 흔적을 또한 간직한다. '젊은 눈빛'이 '미지의 섬'을 향해 반짝이던 '내' 삶의 길은 여전히 '밤'을 밝혀 살아갈 것을 재촉한다. 그토록 충실하게 지켜낸 정신은 자신에게 도달하면서 현실을 살아낼 힘을 준다. 오늘을 살아가는 정신의 현실성은 끊임없이 단련해온 자기 자신의 산물이다. 미네르바의 올빼미는 밤의 그림자가 몰려들 때만 날아오른다고 했는데, 황시인은 바로 그 "밤을 기다려" 세계에 대한 사유를 완성해 나간다. 잠시의 해찰이나 게으름도 결코 끼어들 여지 없이 자신을 질정하는 수도자와 같은 인생 여정이 압박해오는 이 순수한 삶의 궤적에서 시인 스스로 맞이하는 것은 절대정신에 대한 향락이다. 그것이 절대적인 것으로 승화

됨은 이제 사유를 벗어나 시적으로 감각되고 직관되는 정신의 심연을 이루기 때문이다.

찬바람에 떠나는 비행 몇 번이나 거듭했나
지구촌 다 밟았을 오지 탐사 반복 순례
아직도 갈 곳을 찾아 벼랑 끝에 몸 가누나

몸 작아도 뜻 높아서 가지 끝 잡고 서서
낙하산 고이 접어 염원도 품어 안고
북풍이 몰아칠 때면 문 박차는 자유 영혼

날다가 쉬다가 무한대 넓은 항로
생명 뜻 전하려는 약속 없는 미지 여행
날아라
마음 닿는 곳
사막으로 동토로.

-「순례(巡禮)」 전문

여기서 '순례'는 세계의 밤으로부터 '등댓불'을 밝히는 경이로운 바깥의 체험을 의미한다. 삶 전체를 들어 올려 도달한 정신, 그것이 만든 인륜적 자기의식은 세상을 끌어안을 긍정의 에너지로 충만하다. 앎의 장막을 씌운 어두운 '밤'으로부터 '자유 영혼'이 향유하여야 할 정신을 탐색하는 방법으로 여기 외유가 주어져 있다. "사막으로 동토로" '미지 여행'을 떠나는 주체는 '자유'를 전파할 '생명'이고자 한다. 간절한 영원이 담긴 '순례'의 행로에서 만나는 것은 휘황한 문명이 아니라 사막이고 동토이다. 반인륜의 형벌이 암울하게 드리운 그곳으로 향하는 정결한 정신이 진정 향하는 곳은 고통받는 타자들이다.

황시인의 시조가 지닌 창조 형식의 또한 부류는 국내외 무수한 여행들에서의 마주침을 재현한다. 그에게 여행이란 「순례」에 집약적으로 표현되어 있듯이 '반복'되는 '순례'이다. 이를 소박하게 받아들이자면, 여행은 정신의 자기 탐구이다. 여행이 주는 거대한 낯섦은 마치도 명저 『매천집』을 탐독할 때와 같은 융숭한 정신작용과 마주치는 일이다. 이때 일어나는 놀라움과 기쁨은 낯섦이 주는 외물에 매개되는 정신의 자기 발현이다. 새로운 마주침을 자기화하는 형식을 그는 '순례'라고 숭고하게 명명한다. 외재화된 자기 정신을 충만하게 긍정하는 '순례'에 깃든 의식은 그의 여행 시편들에 부단하게 증식되며 인간 존재의 풍요로움을 선사한다.

5

사람들은 종종 영점에서 다시 시작하기를 꿈꾼다. 황인덕 시인의 시쓰기는 바로 이 영도의 삶이 시작되는 지점에서, 삶을 재현하면서 이루어진다. 그것은 기존의 삶을 외면하거나 폐쇄하는 것이 아니라 오히려 그것을 시의 형식에 들여오면서 충만한 정신으로 거듭날 탈구의 힘을 부여한다. 그것은 기억과의 마주침으로, 때론 일상 생활과의 마주침으로, 그리고 때론 외유를 통한 마주침으로 방향을 달리하면서 삶의 모든 순간 속에서 진행된다. 질료로서의 그것들은 한 인간의 삶에 강렬하게 정신의 힘으로 마주해온다. 시조가 지닌 규범적인 형식은 그것을 새롭게 발현될 정신으로 빚어내는 데 유용하게 활용된다. 형식이 질료를 규정하듯이 삶이 시를 통해 규정된다. 시조의 리듬이 다른 문학 형식들에 비하여 지나치게 제약하는 통제와 예속의 수단을 그는 자신의 정신을 조직하여 질서를 부여할 안정성의 기제로 활용한다. 그것은 황시인이 '영혼'의 '자유'라 스스로에게 부여한 관념의 리듬에 따라 이루어진다. 그것을 관념의 리듬이라 지칭함은 그것이 지닌 형식적 통제를 간과할 수 없기 때문이다. 그러나 황시인 자신은 그것을 긍정하고 또한 향유한다.

긍정하고 향유할 수 있는 문학 정신을 가진다는 것은 적어도 예술 세계에서는 아주 드문 일이다. 할아버지와 아버지로부터, 그리고 은사로부터 온 도덕감정이 그러한 절대정신의 토대를 이루고, 삶의 과정에서 부단히 자신을 검열하면서 닦아온 인륜적 정신이 함께 상호 작용하면서 그토록 행복한 정신을 만든다. 시조 형식은 행복하게 상승하는 긍정의 삶과 영혼을 표현하기에 너무도 적

합한 양식의 전통을 우아한 규범으로 전승한다. 삶 속에서 가장 진부하고 덧없고 취약했던 시간을 정신의 윤리학으로 만들면서 시조 양식 자체는 형식적 체제와 리듬을 보수적으로 지속해 왔다. 황시인은 지나가 버린 낡은 형식으로 외면할 수도 있는 시조 형식을 사용하면서 그것이 가져올 형식적 잉여를 최고로 끌어 올린다. 형식의 실체는 정신이 없다면 아무것도 아닐 터이다. 황시인은 시조 형식에 정신의 모험을 담으면서 자기 삶에 긍정적 가치를 부여하고 자신만의 시조 형식을 창조한다. 그러한 형식을 얻는다는 것은 그에게 참된 삶을 구성하는 참된 자기의 발견, 곧 윤리적 정신의 구현을 의미한다. 그리하여 자기 삶에 충만하게 대면해 있는 황시인의 시조들은 참된 것의 효과를 구현할 참된 정신의 이미지들로 풍요롭게 현실화된다.

■ 저자 후기

한국의 고전문학도에게, 그리고 오랜 문예 전통을 존중하고 계승하려는 데 관심이 있는 한민족에게, 우리 고유의 시조란 얼마나 훌륭한 문화유산이자 시 양식인가를 새삼스레 떠올려 봅니다.

스스로를 규율하는 율격과 3장의 긴장된 격조 속에, 짧게도 하고 길게도 하고, 읊기에도 읽기에도 어울리게 하고, 경쾌하게도 하고 무겁게도 하고, 우의寓意와 은유를 자유로 구사하며, 옛것과 지금의 제재 사이를 폭넓게 넘나들면서, 오랜 시어와 당대의 시어를 함께 섞어내며, 계절과 세태의 생동감을 기민하게 포착하여 표현하는 등 여러 특징과 장점들을 두루 갖추고, 오래되었으면서도 늘 새로운 양식이 바로 우리의 빛나는 시조 문예의 세계라고 생각합니다.

이번에 책으로 묶어보는 이 조촐한 시조집은 그동안 우리 고전문학의 주변을 맴도는 삶을 영위해 왔으면서도, 막상 전통의 계승에는 등한했던 저의 지난날을 반성하면서, 청년 시절의 초심으로 돌아가 오래 묵혀둔 숙제를 수행하는 심정으로, 퇴임 이후에 틈틈이 숙련해 온 작은 결과를 정리해 본 것입니다. 비록 거두어 담은 열매는 매우 부실할지라도, 거기에 담긴 반성과 새 출발의 뜻만은 귀하게 보아주셨으면 합니다.

아직 숙성되지 못한 작품들을 모아 첫 시집으로 간행하는 일을 두고 많이 망설였습니다만, 아내와 아들딸 가족 앞에서 이 문제로 운을 떼자 의외로 환영 일색이었습니다. 그중에서도 아들은 아버지가 시인으로 불리는 일이야말로 자기 생애 가장 큰 기쁨이라며 환호해 마지않았습니다. 저의 논문이나 저서에는 관심이 적던 가족들의 이러한 반응에 한편으로 씁쓸한 웃음을 짓지 않을 수 없으면서도, 이러한 반응들이야말로 제가 받은 최초, 최대의 호응이라는 점에서 이를 가볍게 저버릴 수 없다고 생각하게 되었습니다. 이에 가족의 따뜻한 성원에 자못 용기를 얻고, 그 보람을 마음에 깊이 간직하면서, 가지 않은 길을 가보겠다는 오래전의 초심을 다시 새겨 봅니다.

이제 늦은 발걸음을 겨우 내어 디딘 것에 불과하지만, 앞으로 시조에 갈무리된 여러 훌륭한 미덕을 모태로 삼아 그 넓은 품속에 깊이 빠져들어 보고 싶습니다. 그러는 가운데 나다운 감성의 밭을 갈면서, 여름날 목청껏 통성을 내지르며 노래하는 매미처럼, 저도 하늘이 주신 저의 천성을 풀어내 보고 싶은 소망을 가져 봅니다.

부족한 제자를 칭찬하시며 시조집 출간을 부추겨 주신 금정錦汀 최원규 시인님께 감사의 말씀을 드립니다. 그리고 처음부터 시고를 읽어주고 간행을 망설이는 저자를 성원해준 정종진 교수님과 흔쾌히 평설을 써주신 송기섭 교수님께도 고마운 마음을 표합니다.

2025. 10. 9. 한글날
황인덕 삼가 씀

적도의 꿈

1판 1쇄 발행 2026년 1월 15일

지은이 | 황 인 덕
펴낸곳 | 열린출판
등록 | 제 307-2019-14호
주소 | 경기도 고양시 덕양구 권율대로 656, 1401
전화 | 02-6953-0442
팩스 | 02-6455-5795
전자우편 | open2019@daum.net
디자인 | SEED디자인
인쇄 | 삼양프로세스

ISBN 979-11-24225-01-1 03810